AF187189

Impressum
Verlag: BABADADA GmbH, Nedderfeld 112 , 22529 Hamburg
Geschäftsführer / Verlagsleitung: Harald Hof
Druck: Books on Demand GmbH, In de Tarpen 42, 22848 Norderstedt

Imprint
Publisher: BABADADA GmbH, Nedderfeld 112 , 22529 Hamburg, Germany
Managing Director / Publishing direction: Harald Hof
Print: Books on Demand GmbH, In de Tarpen 42, 22848 Norderstedt, Germany

škola

xue xiao

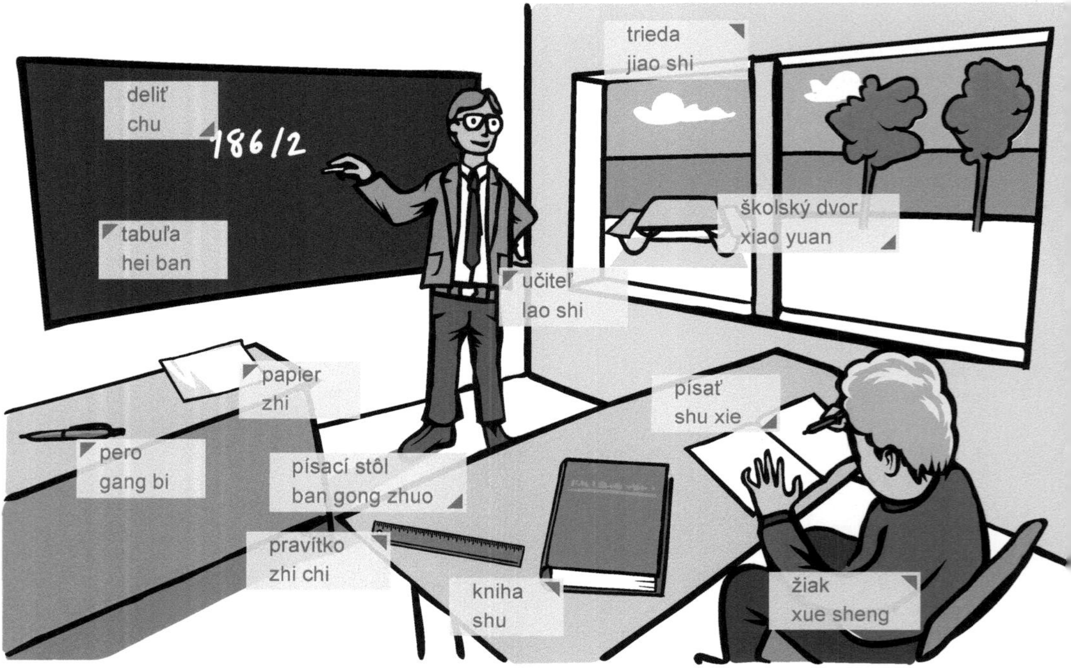

deliť
chu
186/2
tabuľa
hei ban
trieda
jiao shi
školský dvor
xiao yuan
učiteľ
lao shi
papier
zhi
písať
shu xie
pero
gang bi
písací stôl
ban gong zhuo
pravítko
zhi chi
kniha
shu
žiak
xue sheng

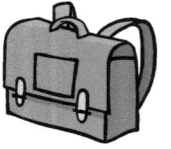

školská taška

shu bao

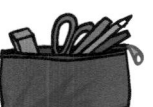

peračník

qian bi he

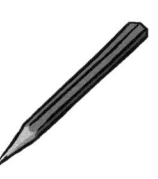

ceruza

qian bi

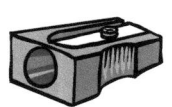

strúhadlo na ceruzky

juan bi dao

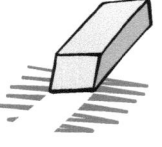

guma

xiang pi ca

skicár

hua ban

kresba

tu hua

štetec

hua bi

vodové farby

yan liao he

nožnice

jian dao

lepidlo

jiao shui

cvičný zošit

lian xi ce

domáca úloha

jia ting zuo ye

číslo

shu zi

sčítať

jia

odčítať

jian

násobiť

cheng

počítať

ji suan

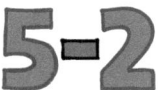

písmeno

zi mu

abeceda

zi mu biao

slovo

zi

text

ke wen

čítať

du

krieda

fen bi

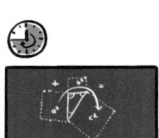

hodina

shang ke

triedna kniha

deng ji

skúška

kao shi

certifikát

zheng shu

školská uniforma

xiao fu

vzdelanie

jiao yu

encyklopédia

bai ke quan shu

univerzita

da xue

mikroskop

xian wei jing

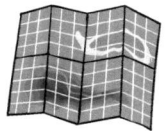

mapa

di tu

kôš na papier

fei zhi kuang

cesta
lü xing

hotel
jiu dian
Grand
nocľaháreň
qing nian lü xing she
zmenáreň
wai bi dui huan chu
€CHANGE
kufor
shou ti xiang
auto
qi che

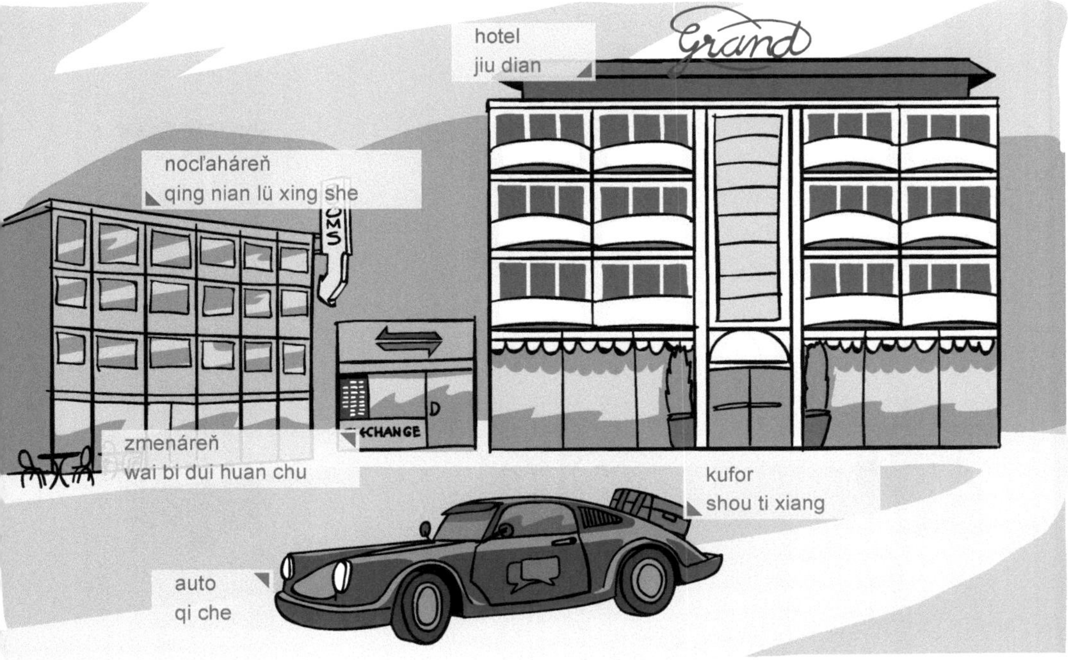

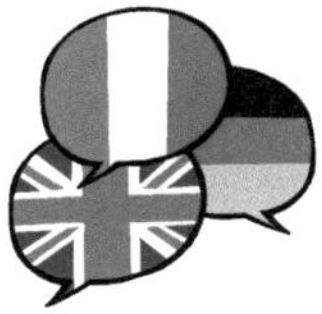

jazyk

yu yan

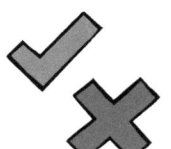

áno/nie

shi/fou

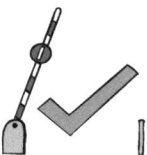

v poriadku

hao de

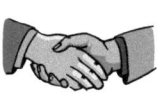

ahoj

nin hao

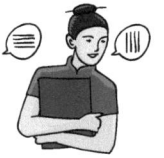

prekladateľ

fan yi yuan

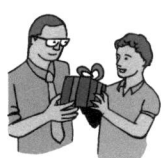

ďakujem

xie xie

Koľko stojí ... ?

......duo shao qian?

Nerozumiem

wo bu ming bai

problém

wen ti

Dobrý večer!

wan shang hao!

Dobré ráno!

zao shang hao!

Dobrú noc!

wan an!

Dovidenia

zai jian

smer

fang xiang

batožina

xing li

taška

bao

batoh

shuang jian bao

hosť

ke ren

izba

fang jian

spacák

shui dai

stan

zhang peng

informácie pre turistov

lü you xin xi

pláž

hai tan

kreditná karta

xin yong ka

raňajky

zao can

obed

wu can

večera

wan can

cestovný lístok

piao

výťah

dian ti

poštová známka

you piao

hranica

bian jie

clo

hai guan

veľvyslanectvo

da shi guan

vízum

qian zheng

cestovný pas

hu zhao

doprava

jiao tong yun shu

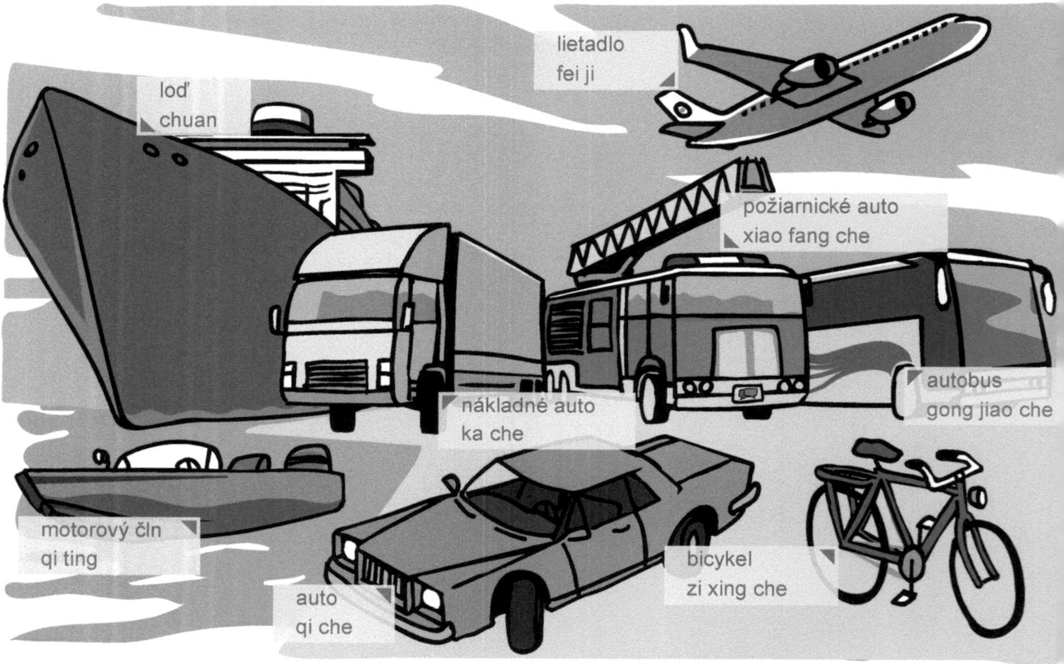
lietadlo
fei ji
loď
chuan
požiarnické auto
xiao fang che
autobus
gong jiao che
nákladné auto
ka che
motorový čln
qi ting
bicykel
zi xing che
auto
qi che

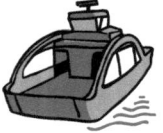

trajekt

bai du chuan

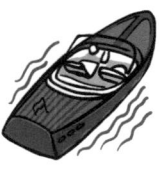

loď

xiao chuan

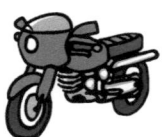

motorka

mo tuo che

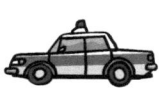

policajné auto

jing che

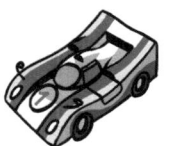

pretekárske auto

sai che

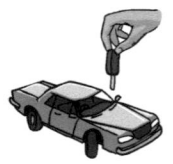

vozidlo z požičovne

zu che

carsharing

pin che

odťahové auto

tuo che

smetiarske auto

la ji che

motor

fa dong ji

benzín

qi you

čerpacia stanica

jia you zhan

dopravná značka

jiao tong biao zhi

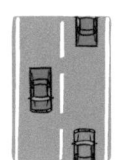

premávka

jiao tong

zápcha

jiao tong du sai

parkovisko

ting che chang

vlaková stanica

huo che zhan

trate

gui dao

vlak

huo che

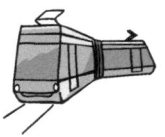

električka

dian che

vagón

huo che

helikoptéra

zhi sheng ji

letisko

ji chang

veža

ta

pasažier

cheng ke

kontajner

ji zhuang xiang

kartón

zhi ban xiang

vozík

shou tui che

kôš

lan zi

štartovať / pristáť

qi fei/jiang luo

mesto
cheng shi

dedina

cun zhuang

centrum mesta

shi zhong xin

dom

fang zi

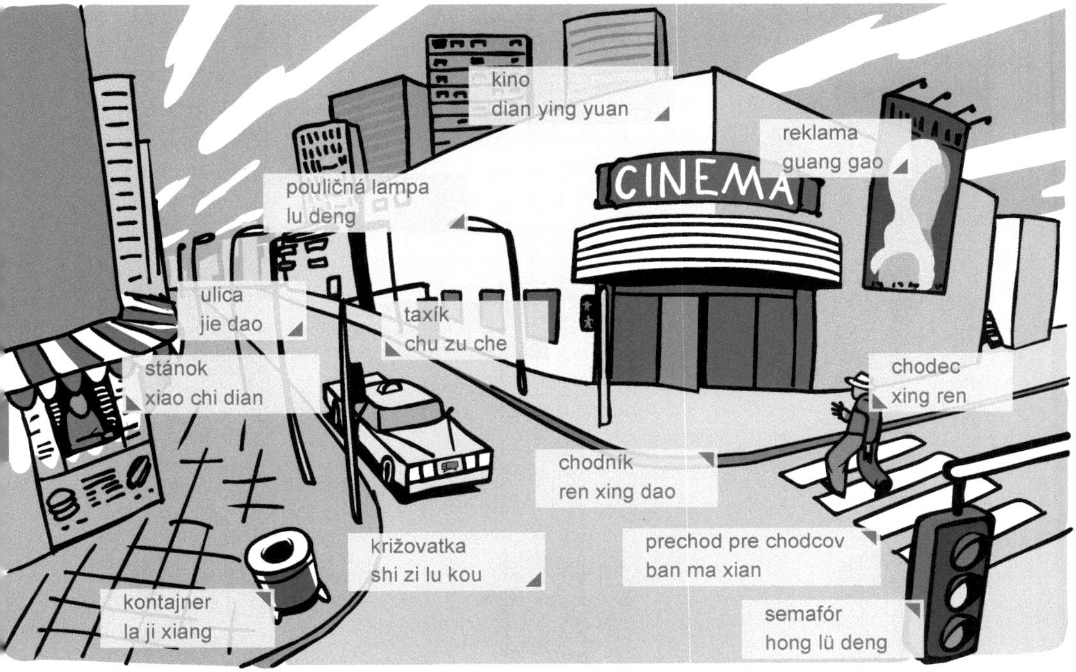

kino
dian ying yuan

reklama
guang gao

pouličná lampa
lu deng

CINEMA

ulica
jie dao

taxík
chu zu che

stánok
xiao chi dian

chodec
xing ren

chodník
ren xing dao

križovatka
shi zi lu kou

prechod pre chodcov
ban ma xian

kontajner
la ji xiang

semafór
hong lü deng

chata
xiao wu

byt
gong yu

vlaková stanica
huo che zhan

radnica
shi zheng ting

múzeum
bo wu guan

škola
xue xiao

mesto - cheng shi

11

univerzita

da xue

banka

yin hang

nemocnica

yi yuan

hotel

jiu dian

lekáreň

yao fang

kancelária

ban gong shi

kníhkupectvo

shu dian

obchod

shang dian

kvetinárstvo

hua dian

supermarket

chao shi

trh

shi chang

obchodný dom

bai huo shang dian

obchodník s rybami

yu dian

nákupné stredisko

gou wu zhong xin

prístav

hai gang

park

gong yuan

lavička

chang deng

most

qiao

schody

lou ti

metro

di tie

tunel

sui dao

autobusová zastávka

gong jiao che zhan

bar

jiu ba

reštaurácia

can guan

poštová schránka

you tong

tabuľa s názvom ulice

lu biao

parkovacie hodiny

ting che ji shi qi

ZOO

dong wu yuan

plaváreň

you yong guan

mešita

qing zhen si

mesto - cheng shi

13

farma

nong chang

znečisťovanie životného prostredia

wu ran

cintorín

mu di

kostol

jiao tang

ihrisko

cao chang

chrám

si miao

terén

di xing

list
shu ye

smerová tabuľa
zhi shi pai

cesta
lu

lúka
cao di

kameň
shi tou

strom
shu

turista
tu bu lü xing zhe

rieka
he

tráva
cao

kvet
hua

dolina

xia gu

kopec

shan

jazero

hu

les

sen lin

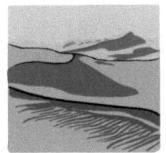

púšť

sha mo

vulkán

huo shan

zámok

cheng bao

dúha

cai hong

hríb

mo gu

palma

zong lü shu

komár

wen zi

mucha

cang ying

mravec

ma yi

včela

mi feng

pavúk

zhi zhu

chrobák

jia chong

žaba

qing wa

veverička

song shu

jež

ci wei

zajac

ye tu

sova

mao tou ying

vták

niao

labuť

tian e

diviak

ye zhu

jeleň

lu

los

mi lu

hrádza

shui ba

veterná turbína

feng li fa dian ji

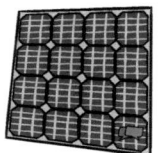

solárny panel

tai yang neng dian chi ban

podnebie

qi hou

čašník
fu wu yuan

jedálny lístok
cai dan

stolička
yi zi

polievka
tang

pizza
pi sa bing

príbor
can ju

obrus
zhuo bu

predjedlo

qian cai

hlavné jedlo

zhu cai

zákusok

tian dian

nápoje

yin liao

jedlo

shi wu

fľaša

ping zi

fast-food

kuai can

street food

jie bian xiao chi

kanvica na čaj

cha hu

cukornička

tang he

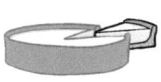

porcia

yi fen fan cai

stroj na espresso

yi shi ka fei ji

detská stolička

gao jiao yi

účet

zhang dan

podnos

tuo pan

nôž

dao

vidlička

can cha

lyžica

shao zi

čajová lyžička

cha chi

obrúsok

can jin

pohár

bo li bei

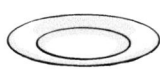

tanier

die zi

hlboký tanier

tang pan

podšálka

die zi

omáčka

jiang

soľnička

yan ping

mlynček na korenie

hu jiao mo

ocot

cu

olej

shi yong you

korenie

tiao wei liao

kečup

fan qie jiang

horčica

jie mo

majonéza

dan huang jiang

supermarket
chao shi

špeciálna ponuka
te jia
FOR
klient
gu ke
mliečne výrobky
ru zhi pin
ovocie
shui guo
nákupný vozík
gou wu che

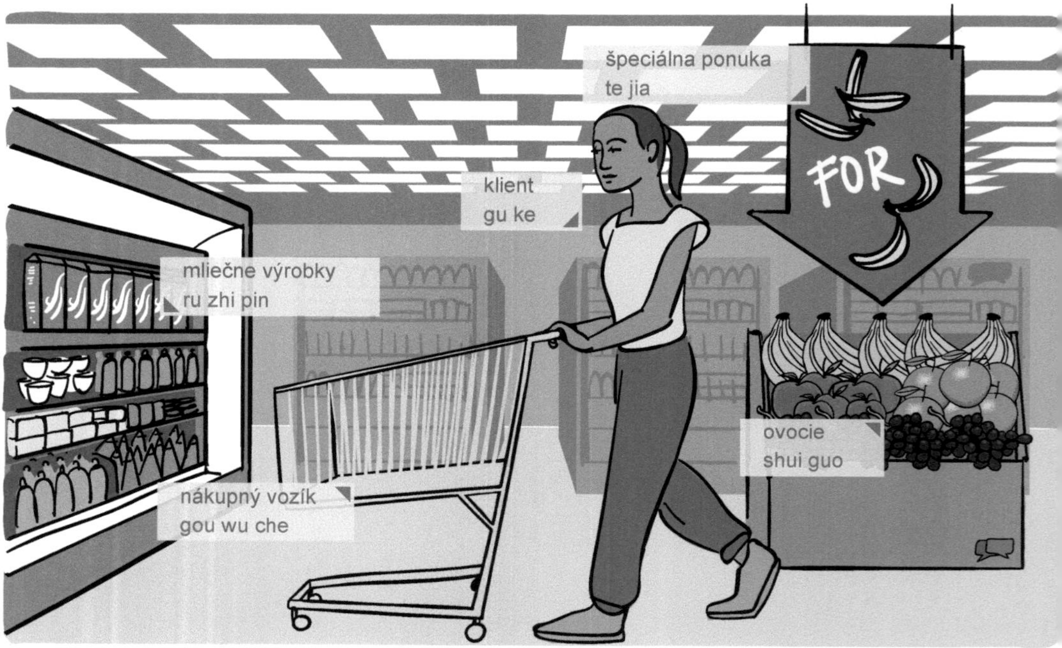

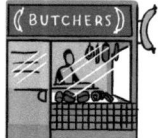

BUTCHERS

mäsiarstvo

rou pu

BAKERY

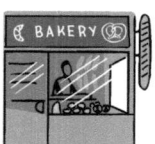

pekáreň

mian bao fang

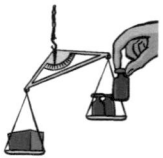

vážiť

cheng zhong

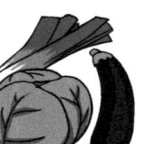

zelenina

shu cai

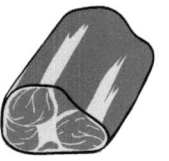

mäso

rou

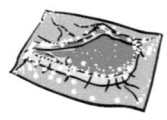

mrazené potraviny

leng dong shi pin

nárez

leng pan

konzervy

guan tou shi pin

prací prostriedok

xi yi fen

sladkosti

tian shi

domáce potreby

ri yong pin

čistiace prostriedky

qing jie yong pin

predavačka

xiao shou yuan

pokladňa

shou yin ji

pokladník

shou yin yuan

nákupný zoznam

gou wu qing dan

otváracie hodiny

kai fang shi jian

peňaženka

qian bao

kreditná karta

xin yong ka

taška

dai zi

plastové vrecko

su liao dai

voda

shui

džús

guo zhi

mlieko

niu nai

kola

ke le

víno

hong jiu

pivo

pi jiu

alkohol

jiu

kakao

ke ke

čaj

cha

káva

ka fei

espresso

yi shi nong suo ka fei

kapučíno

ka bu qi nuo

banán

xiang jiao

jablko

ping guo

pomaranč

cheng zi

melón

xi gua

citrón

ning meng

mrkva

hu luo bo

cesnak

da suan

bambus

zhu zi

cibuľa

yang cong

hríb

mo gu

orechy

jian guo

rezance

mian tiao

špagety

yi da li mian tiao

ryža

mi fan

šalát

sha la

hranolky

shu tiao

pečené zemiaky

zha tu dou

pizza

pi sa bing

hamburger

han bao bao

obložený chlebík

san ming zhi

rezeň

zha zhu pai

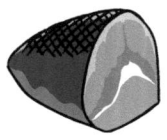

šunka

huo tui

saláma

sa la mi

klobása

xiang chang

kurča

ji rou

pečené mäso

kao rou

ryba

yu

ovsené vločky

yan mai pian

müsli

mu zi li

kukuričné lupienky

yu mi pian

múka

mian fen

croissant

yang jiao mian bao

pečivo

mian bao juan

chlieb

mian bao

hrianka

kao mian bao

sušienky

bing gan

maslo

huang you

tvaroh

ning ru

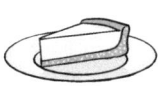

koláč

dan gao

vajce

dan

volské oko

jian dan

syr

nai lao

zmrzlina

bing ji lin

cukor

tang

med

feng mi

lekvár

guo jiang

nugátová nátierka

qiao ke li jiang

karí korenie

ga li fan

jedlo - shi wu

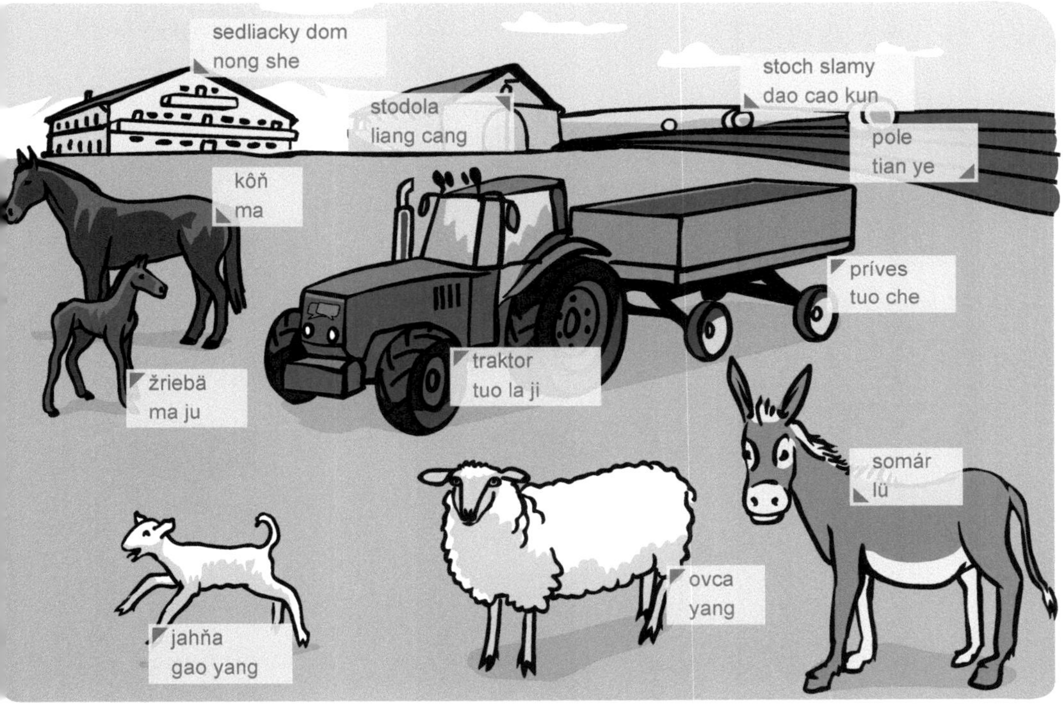

sedliacky dom
nong she

stodola
liang cang

stoch slamy
dao cao kun

pole
tian ye

kôň
ma

príves
tuo che

žriebä
ma ju

traktor
tuo la ji

somár
lü

jahňa
gao yang

ovca
yang

koza

shan yang

krava

nai niu

teľa

niu du

prasa

zhu

prasiatko

xiao zhu

býk

gong niu

hus

e

kačica

ya

kuriatko

xiao ji

sliepka

mu ji

kohút

gong ji

potkan

shu

mačka

mao

myš

lao shu

vôl

niu

pes

gou

psia búda

gou wu

záhradná hadica

hua yuan jiao shui ruan guan

krhla

sa shui hu

kosa

chang bing da lian dao

pluh

li

kosák

lian dao

motyka

chu tou

vidly na hnoj

chang bing cao pa

sekera

fu tou

fúrik

du lun shou tui che

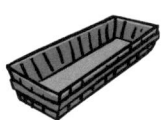

koryto

si liao cao

kanva na mlieko

niu nai guan

vrece

ma bu dai

plot

zha lan

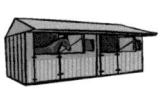

maštaľ

ma jiu

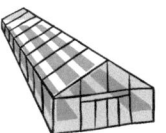

skleník

wen shi

pôda

tu rang

osivo

zhong zi

hnojivo

fei liao

kombajn

lian he shou ge ji

žať
shou ge

žatva
shou ge

batát
shan yao

pšenica
xiao mai

sója
da dou

zemiak
tu dou

kukurica
yu mi

repka
you cai zi

ovocný strom
guo shu

maniok
shu shu

obilie
gu wu

dom

fang zi

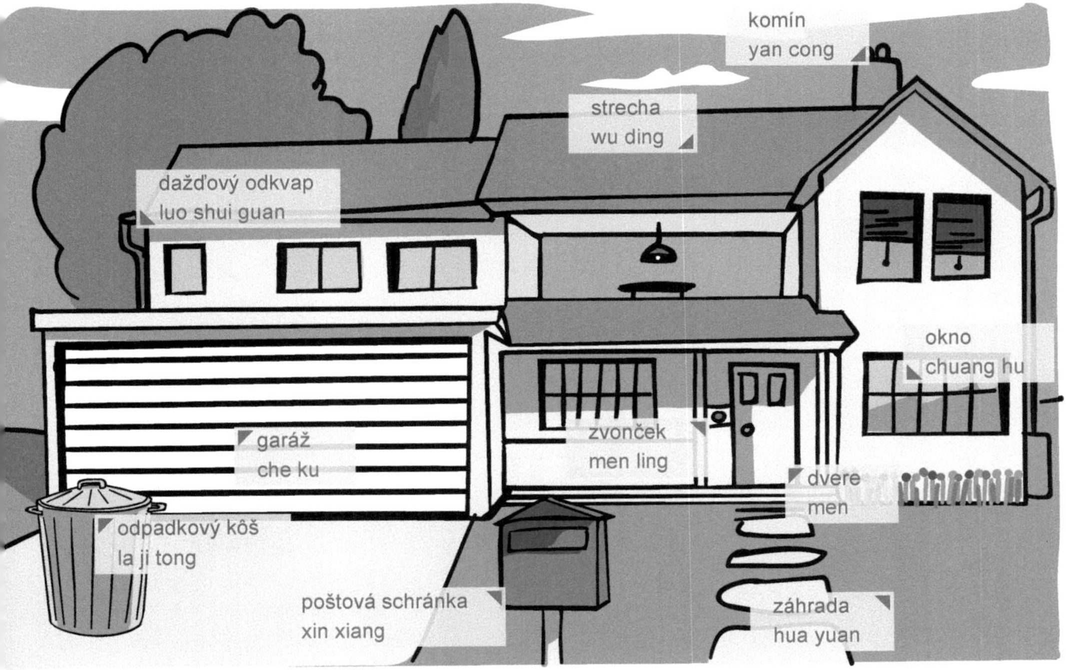

komín
yan cong
strecha
wu ding
dažďový odkvap
luo shui guan
okno
chuang hu
garáž
che ku
zvonček
men ling
dvere
men
odpadkový kôš
la ji tong
poštová schránka
xin xiang
záhrada
hua yuan

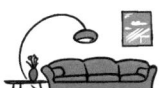

obývačka

ke ting

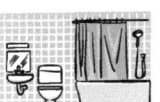

kúpeľňa

yu shi

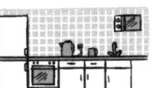

kuchyňa

chu fang

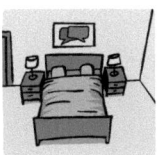

spálňa

wo shi

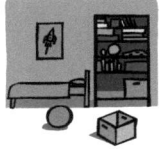

detská izba

er tong fang

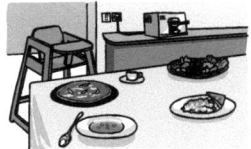

jedáleň

can ting

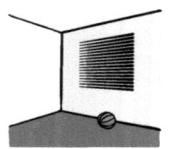

podlaha

di ban

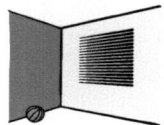

stena

qiang bi

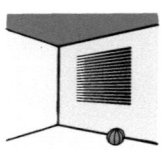

strop

diao ding

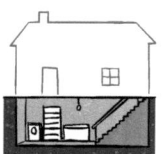

pivnica

di jiao

sauna

sang na

balkón

yang tai

terasa

lu tai

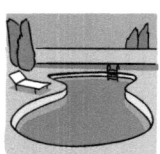

bazén

you yong chi

kosačka

ge cao ji

obliečka

bei dan

posteľná prikrývka

chuang zhao

posteľ

chuang

metla

sao zhou

vedro

shui tong

vypínač

kai guan

obývačka
ke ting

tapeta
bi zhi
obraz
zhao pian
lampa
tai deng
regál
ge jia
skriňa
chu gui
televízor
dian shi ji
kozub
bi lu
kvet
hua
vankúš
dian zi
pohovka
sha fa
váza
hua ping
diaľkové ovládanie
yao kong qi

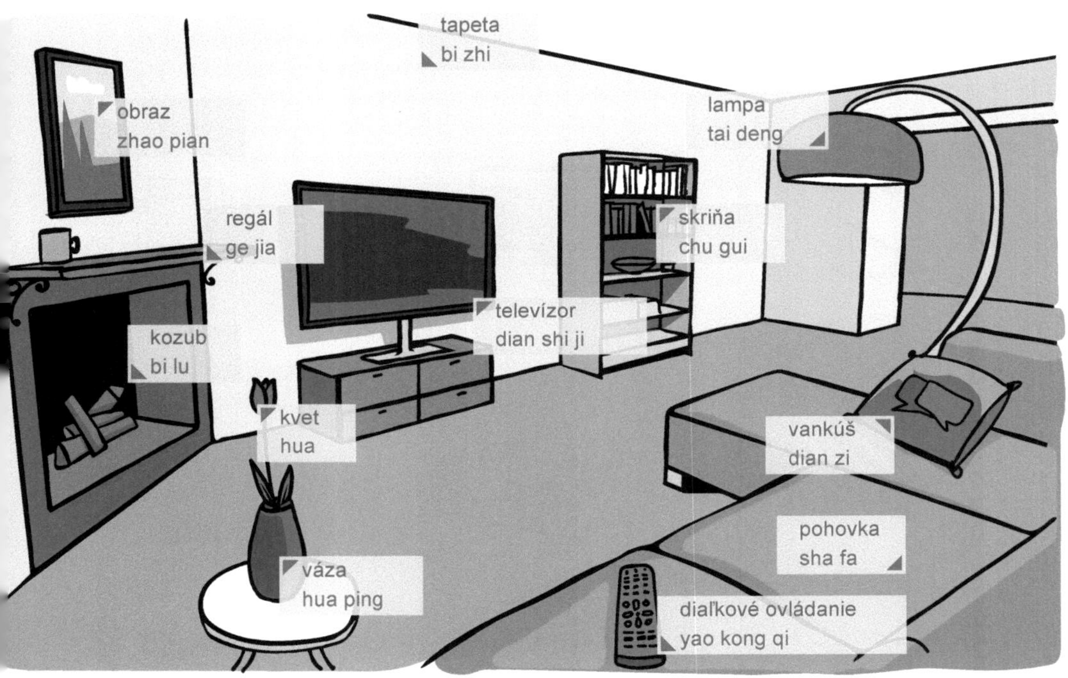

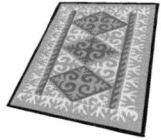

koberec

di tan

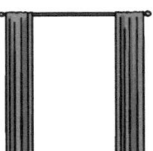

záclona

chuang lian

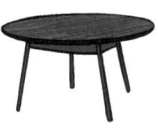

stôl

can zhuo

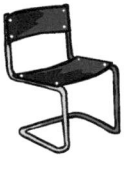

stolička

yi zi

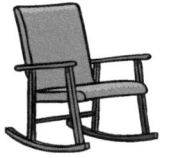

hojdacie kreslo

yao yi

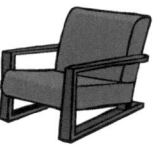

kreslo

fu shou yi

kniha

shu

prikrývka

tan zi

dekorácia

zhuang shi pin

drevo na kúrenie

mu chai

film

dian ying

hi-fi veža

gao bao zhen yin xiang

kľúč

yao shi

noviny

bao zhi

maľba

you hua

plagát

hai bao

rádio

shou yin ji

zápisník

bi ji ben

vysávač

xi chen qi

kaktus

xian ren zhang

sviečka

la zhu

kuchyňa
chu fang

chladnička
bing xiang
mikrovlnka
wei bo lu
kuchynské váhy
chu fang cheng
hriankovač
kao mian bao ji
čistiaci prostriedok
xi jie jing
pec
kao xiang
mraziarenský box
bing gui
odpadkový kôš
la ji tong
umývačka riadu
xi wan ji

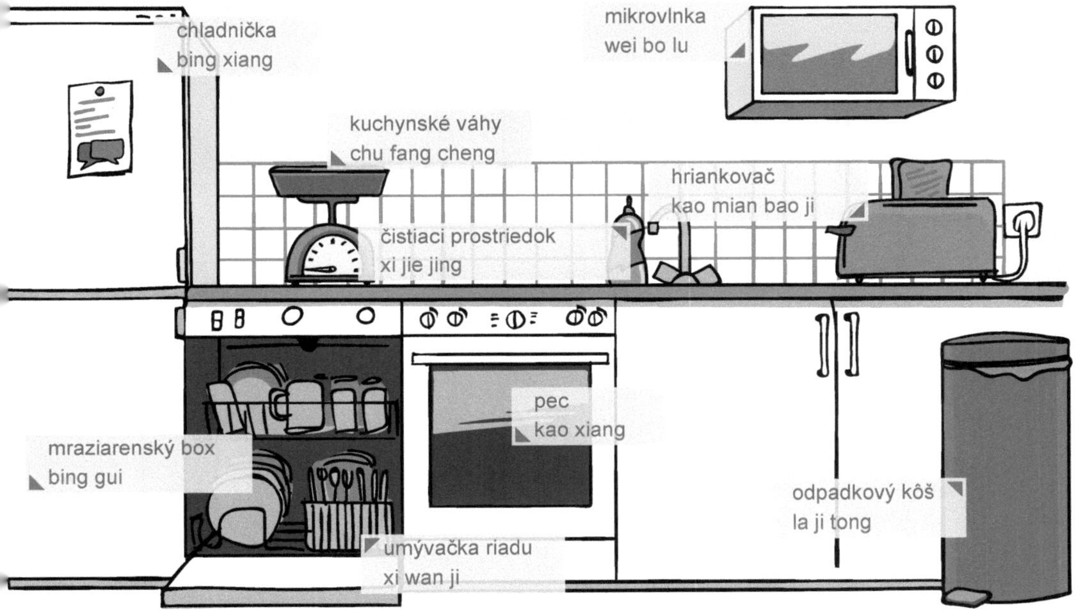

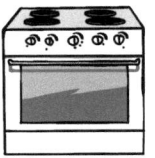

sporák

chui ju

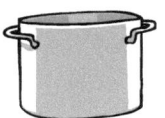

hrniec

guo

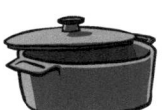

železný hrniec

zhu tie guo

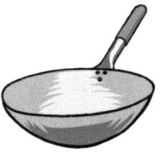

wok / kadai

sha guo

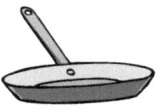

panvica

ping di guo

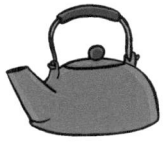

rýchlovarná kanvica

shui hu

parný hrniec

zheng guo

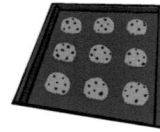

plech na pečenie

kao pan

riad

tao ci guo

pohár

ma ke bei

misa

wan

paličky

kuai zi

naberačka na polievku

chang bing shao

stierka

chan zi

metlička

jiao ban qi

cedidlo

lü wang

sitko

shai zi

strúhadlo

mo sui ji

mažiar

yan bo

gril

shao kao

ohnisko

ming huo

doska na krájanie

cai ban

valček na cesto

gan mian zhang

konzerva

guan zi

otvárač na konzervy

kai ping qi

chňapka

ge re shou tao

vývrtka

kai ping qi

výlevka

shui cao

kefa

shua zi

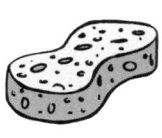

hubka

hai mian

mixér

jiao ban ji

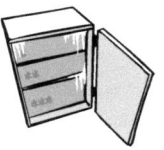

mraznička

leng cang xiang

kojenecká fľaša

nai ping

vodovodný kohútik

shui long tou

kúpeľňa
yu shi

kúrenie
gong nuan she bei
uterák
mao jin
sprcha
lin yu
sprchový záves
yu lian
pena do kúpeľa
pao mo yu
vaňa
yu gang
pohár
bo li bei
práčka
xi yi ji
vodovodný kohútik
shui long tou
dlaždice
ci zhuan
nočník
bian hu
výlevka
shui cao

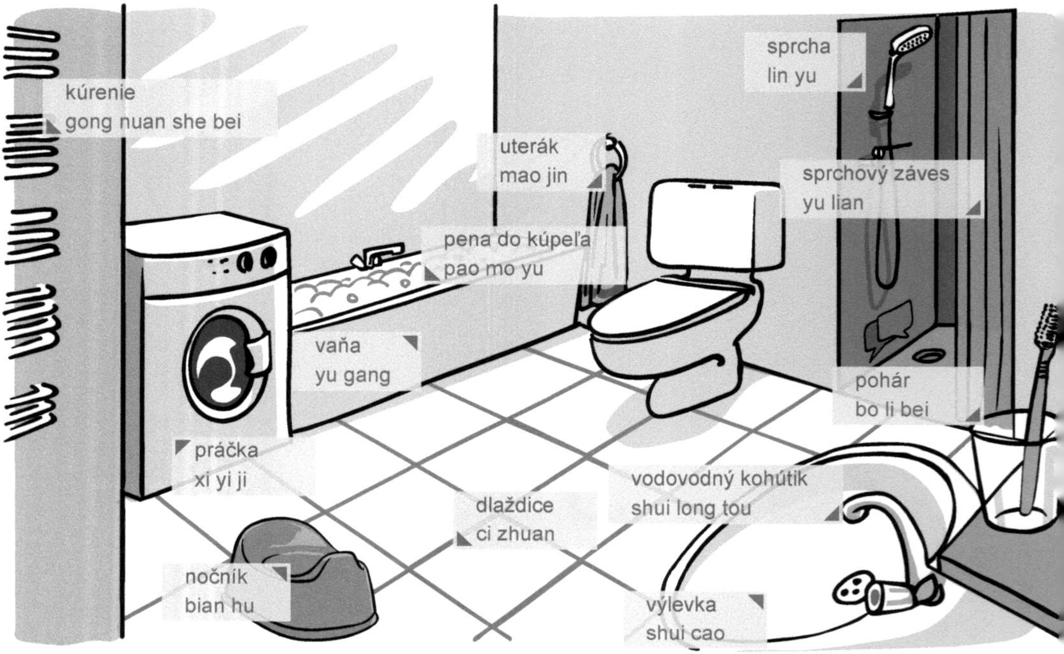

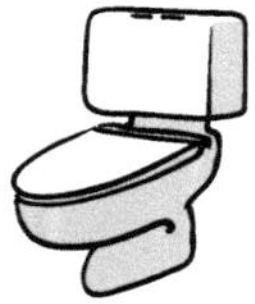

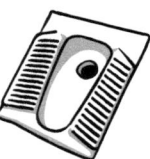

záchod

ce suo

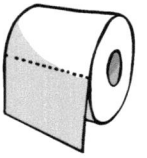

suchý záchod

dun bian qi

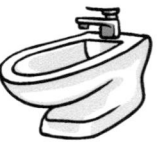

bidet

zuo yu qi

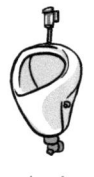

pisoár

xiao bian chi

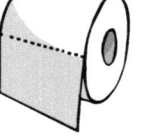

toaletný papier

ce zhi

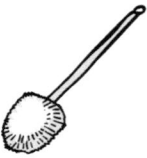

záchodová kefa

ma tong shua

zubná kefka

ya shua

zubná pasta

ya gao

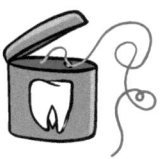

dentálna niť

ya xian

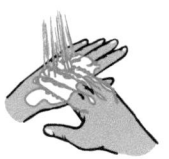

umývať

xi

ručná sprcha

shou chi shi pen lin tou

sprcha pre intímnu hygienu

chong xi qi

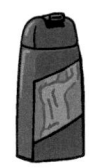

umývadlo

xi lian pen

kefa na chrbát

ca bei shua

mydlo

fei zao

sprchový gél

mu yu lu

šampón

xi fa shui

frotírová rukavica

fa lan rong

odtok

pai shui

krém

ru shuang

dezodorant

chu chou ji

zrkadlo

jing zi

kozmetické zrkadlo

shou jing

žiletka

ti xu dao

pena na holenie

ti xu pao mo

voda po holení

xu hou shui

hrebeň

shu zi

kefa

shua zi

sušič vlasov

chui feng ji

sprej na vlasy

pen fa ding xing ji

make-up

hua zhuang pin

rúž

chun gao

lak na nechty

zhi jia you

vata

hua zhuang mian

nožnice na nechty

zhi jia jian

parfum

xiang shui

kozmetická taška

xi shu bao

stolček

deng zi

váha

ji zhong cheng

kúpací plášť

yu pao

gumové rukavice

xiang jiao shou tao

tampón

wei sheng mian tiao

menštruačná vložka

wei sheng jin

chemické WC

hua xue ce suo

detská izba
er tong fang

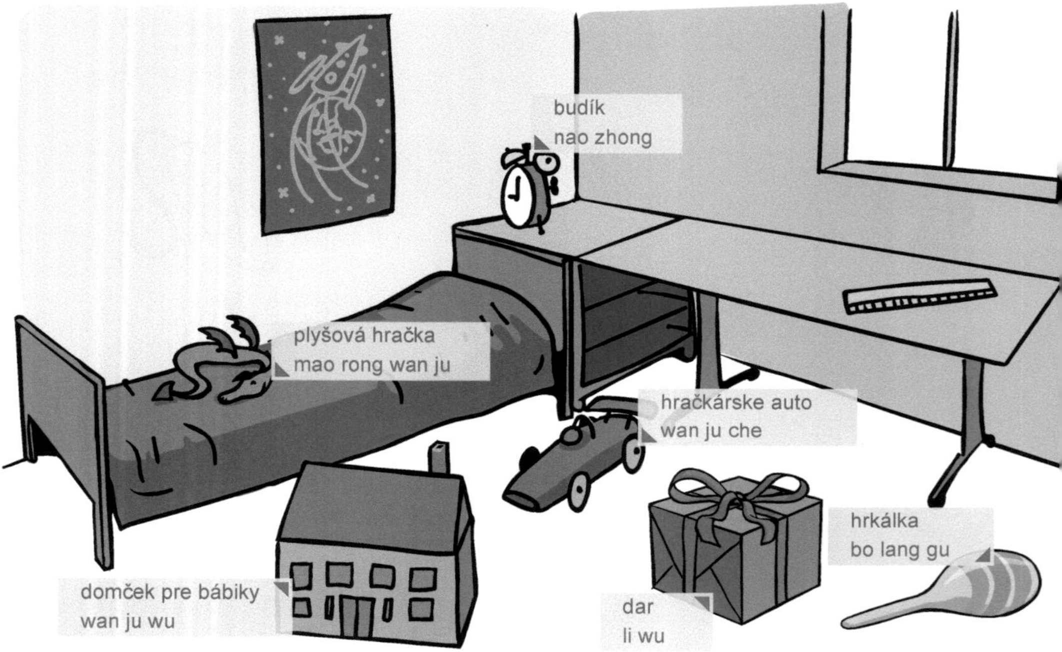
budík
nao zhong
plyšová hračka
mao rong wan ju
hračkárske auto
wan ju che
hrkálka
bo lang gu
domček pre bábiky
wan ju wu
dar
li wu

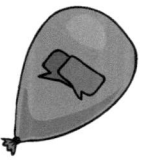

balón
qi qiu

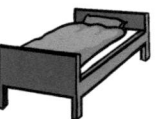

posteľ
chuang

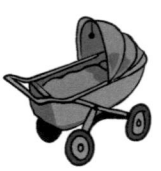

detský kočík
(yang wa wa yong)ying er che

karty
pu ke pai

puzzle
pin tu

SUPER
MEGA

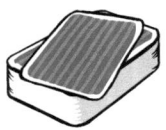

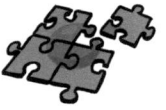

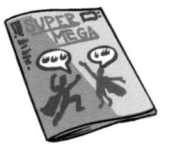

komix
man hua

skladačka lego

le gao ji mu

stavebnica

ji mu wan ju

akčná postavička

wan ju ren

dupačky

ying er fu

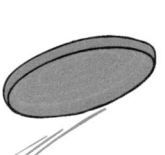

lietajúci tanier

fei pan

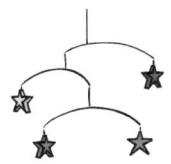

závesné hračky

chuang ling wan ju

stolová hra

qi pan you xi

kocka

shai zi

modelový vláčik

huo che mo xing

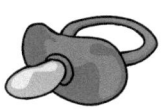

cumlík

an fu nai zui

párty

ju hui

obrázková kniha

hui ben

lopta

qiu

bábika

yang wa wa

hrať sa

wan

pieskovisko

sha keng

hojdačka

qiu qian

hračky

wan ju

hracia konzola

you xi ji

trojkolka

san lun che

medvedík

tai di xiong

šatník

yi chu

šatstvo
yi fu

ponožky

wa zi

pančuchy

chang wa

pančuchové nohavičky

jin shen ku

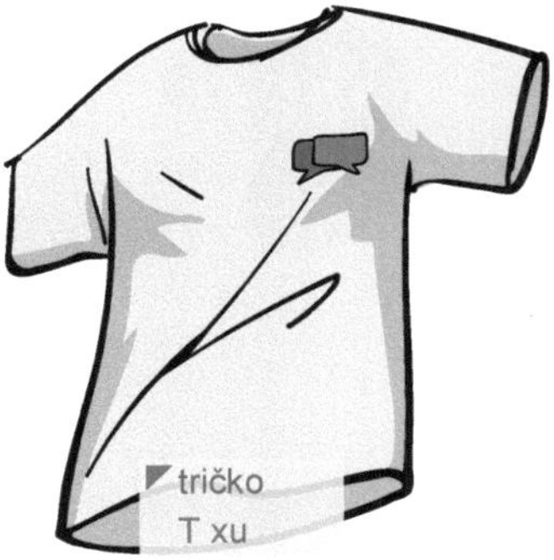

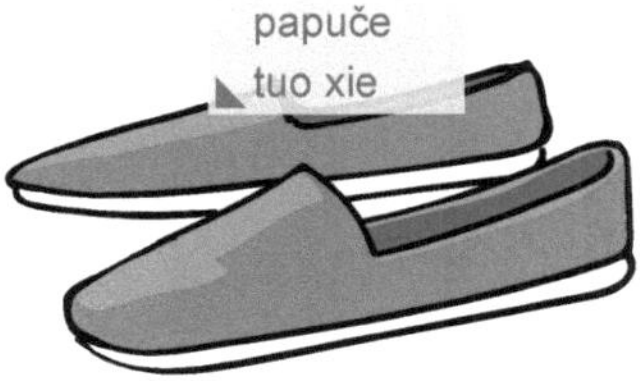

šál
wei jin

opasok
pi dai

dáždnik
yu san

tričko
T xu

čižmy
xue zi

papuče
tuo xie

tenisky
yun dong xie

sandále
liang xie

topánky
xie

gumáky
yu xue

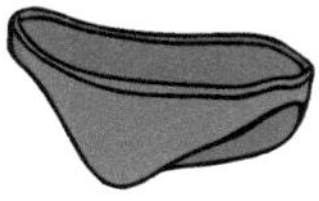

spodky
nei ku

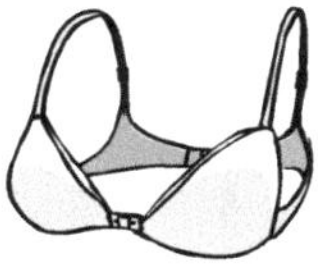

podprsenka
xiong zhao

tielko
bei xin

body

shen ti

nohavice

ku zi

džínsy

niu zai ku

sukňa

duan qun

blúzka

nü shi chen shan

košeľa

chen shan

pulóver

tao tou shan

sveter

wei yi

blejzer

xi zhuang jia ke

bunda

jia ke

kabát

wai tao

pršiplášť

yu yi

kostým

tao zhuang

šaty

lian yi qun

svadobné šaty

hun sha

oblek
xi zhuang

nočná košeľa
shui pao

pyžamo
shui yi

sari
sha li

šatka na hlavu
tou jin

turban
bao tou jin

burka
bo ka

kaftan
ka fu tan

abaja
(a la bo shi)chang pao

dvojdielne plavky
yong yi

plavky
nan shi yong ku

šortky
duan ku

tepláková súprava
yun dong fu

zástera
wei qun

rukavice
shou tao

šatstvo - yi fu

gombík

niu kou

okuliare

yan jing

náramok

shou lian

retiazka

xiang lian

prsteň

jie zhi

náušnica

er huan

čiapka

bian mao

vešiak

yi jia

klobúk

mao zi

kravata

ling dai

zips

la lian

prilba

tou kui

traky

bei dai

školská uniforma

xiao fu

uniforma

zhi fu

podbradník
wei dou

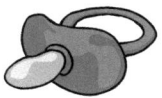

cumlík
an fu nai zui

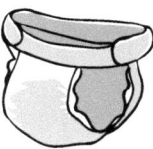

plienka
niao bu shi

kancelária
ban gong shi

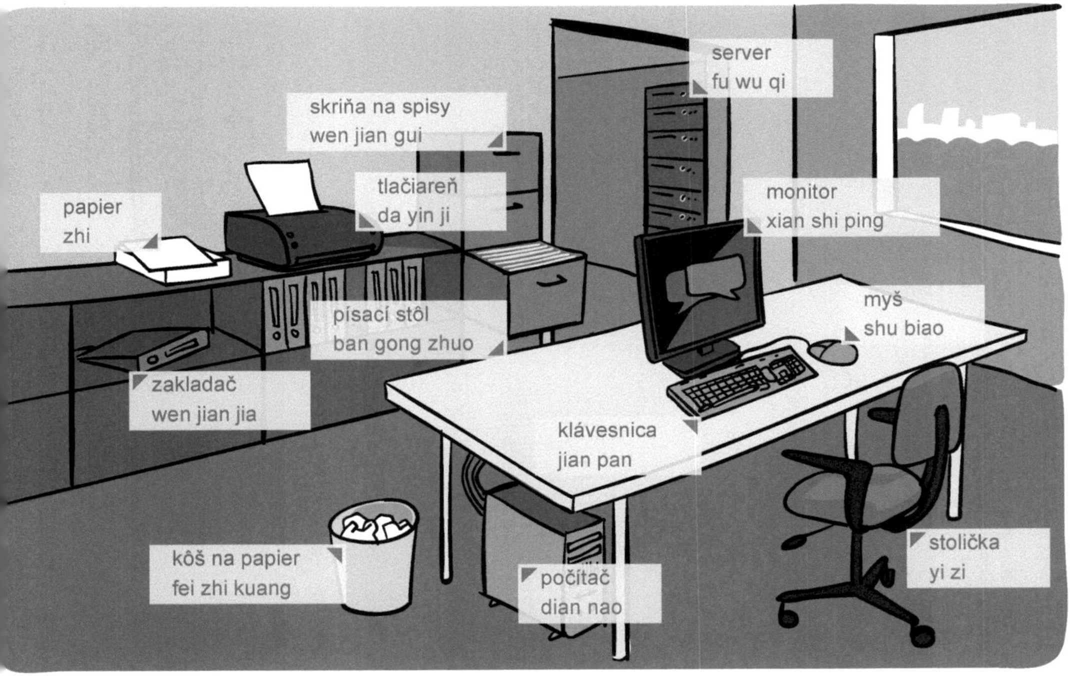

server
fu wu qi

skriňa na spisy
wen jian gui

tlačiareň
da yin ji

papier
zhi

monitor
xian shi ping

myš
shu biao

písací stôl
ban gong zhuo

zakladač
wen jian jia

klávesnica
jian pan

kôš na papier
fei zhi kuang

počítač
dian nao

stolička
yi zi

hrnček na kávu
ka fei bei

kalkulačka
ji suan qi

internet
yin te wang

laptop

bi ji ben dian nao

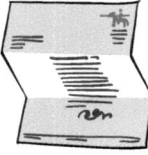

list

xin jian

správa

xiao xi

mobil

shou ji

sieť

wang luo

kopírka

fu yin ji

softvér

ruan jian

telefón

dian hua

elektrická zásuvka

cha zuo

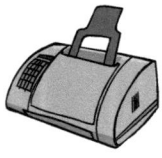

fax

chuan zhen ji

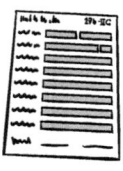

formulár

biao ge

doklad

wen jian

kúpiť

mai

platiť

fu qian

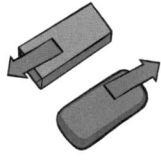

obchodovať

jiao yi

peniaze

xian jin

USD

dolár

mei yuan

EUR

euro

ou yuan

JPY

jen

ri yuan

RUB

rubeľ

lu bu

CHF

švajčiarsky frank

rui shi fa lang

CNY

čínsky jüan

ren min bi

INR

rupia

lu bi

bankomat

ti kuan chu

zmenáreň

wai bi dui huan chu

zlato

jin

striebro

yin

ropa

shi you

energia

neng yuan

cena

jia ge

zmluva

he tong

daň

shui jin

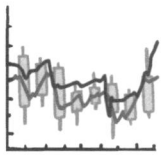

akcia

gu piao

pracovať

gong zuo

zamestnanec

zhi yuan

zamestnávateľ

lao ban

továreň

gong chang

obchod

shang dian

policajt
jing guan

hasič
xiao fang yuan

kuchár
chu shi

lekár
yi sheng

pilót
fei xing yuan

záhradník
....
yuan ding

stolár
....
mu jiang

krajčírka
....
cai feng

sudca
....
fa guan

chemik
....
hua xue jia

herec
....
yan yuan

vodič autobusu

gong jiao che si ji

taxikár

chu zu che si ji

rybár

yu fu

upratovačka

qing jie nü gong

pokrývač

wu ding gong

čašník

fu wu yuan

poľovník

lie ren

maliar

hua jia

pekár

mian bao shi

elektrikár

dian gong

stavebný robotník

jian zhu gong ren

inžinier

gong cheng shi

mäsiar

tu fu

klampiar

shui guan gong

poštár

you di yuan

vojak

shi bing

architekt

jian zhu shi

pokladník

shou yin yuan

kvetinár

hua nong

kaderník

li fa shi

sprievodca

shou piao yuan

mechanik

ji xie shi

kapitán

chuan zhang

zubár

ya yi

vedec

ke xue jia

rabín

la bi

imám

yi ma mu

mních

he shang

farár

mu shi

náradie
gong ju

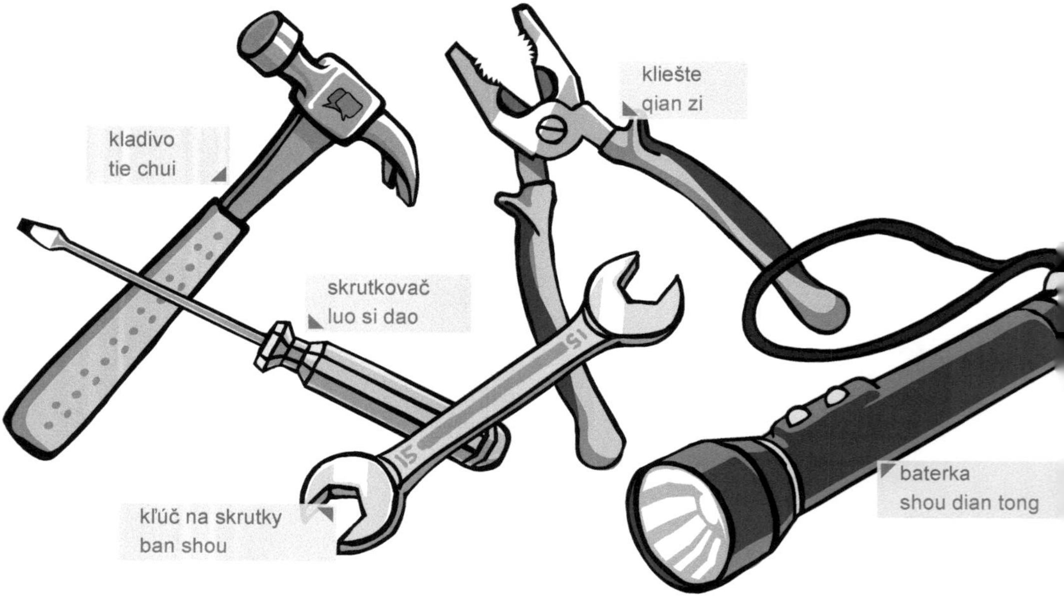
kladivo
tie chui
kliešte
qian zi
skrutkovač
luo si dao
kľúč na skrutky
ban shou
baterka
shou dian tong

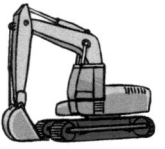

bager

wa jue ji

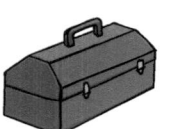

súprava náradia

gong ju xiang

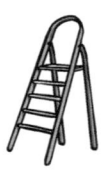

rebrík

ti zi

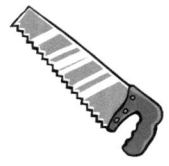

pílka

ju zi

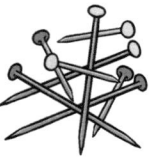

klince

ding zi

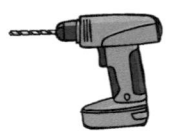

vrták

zuan ji

opravit

xiu

lopata

chan zi

Do čerta!

kao!

lopatka na smeti

bo ji

nádoba s farbou

you qi tong

skrutky

luo si

hudobné nástroje
yue qi

bicie
da ji yue qi

reproduktor
yang sheng qi

gitara
ji ta

kontrabas
di yin ti qin

trúbka
xiao hao

klavír

gang qin

husle

xiao ti qin

basa

bei si

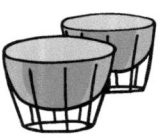

tympany

ding yin gu

bubon

gu

klávesnica

dian zi qin

saxofón

sa ke si guan

flauta

chang di

mikrofón

mai ke feng

ZOO
dong wu yuan

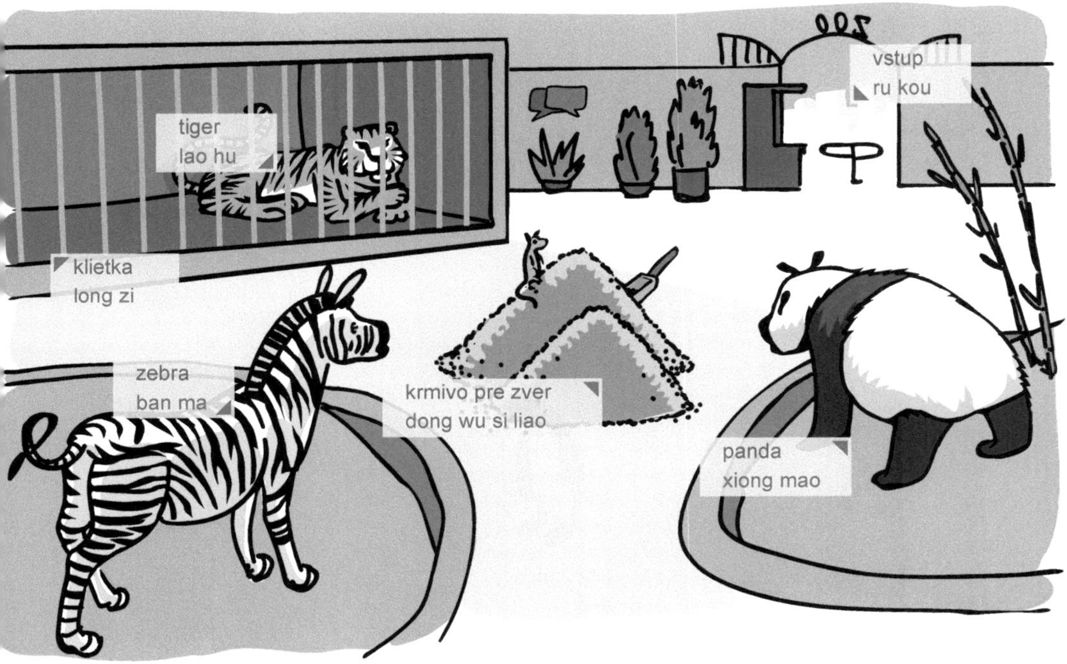
vstup
ru kou
tiger
lao hu
klietka
long zi
zebra
ban ma
krmivo pre zver
dong wu si liao
panda
xiong mao

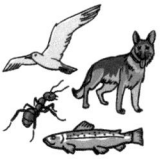

zvieratá

dong wu

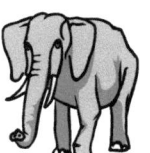

slon

da xiang

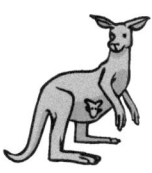

klokan

dai shu

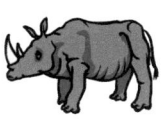

nosorožec

xi niu

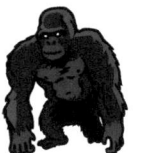

gorila

da xing xing

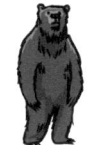

medveď

xiong

ťava

luo tuo

pštros

tuo niao

lev

shi zi

opica

hou zi

plameniak

huo lie niao

papagáj

ying wu

ľadový medveď

bei ji xiong

tučniak

qi e

žralok

sha yu

páv

kong que

had

she

krokodíl

e yu

ošetrovateľ v ZOO

dong wu yuan guan li yuan

tuleň

hai bao

jaguár

mei zhou bao

poník

ai zhong ma

leopard

bao

hroch

he ma

žirafa

chang jing lu

orol

lao ying

diviak

ye zhu

ryba

yu

korytnačka

gui

mrož

hai xiang

líška

hu li

gazela

ling yang

americký futbal
gan lan qiu

cyklistika
qi zi xing che

tenis
wang qiu

basketbal
lan qiu

plávanie
you yong

box
quan ji

hokej
bing qiu

futbal
ying shi zu qiu

bedminton
yu mao qiu

ľahká atletika
tian jing

hádzaná
shou qiu

lyžovanie
hua xue

pólo
ma qiu

aktivity
huo dong

smiať sa
xiao
skočiť
tiao
objať
yong bao
chodiť
zou lu
spievať
chang
snívať
zuo meng
modliť sa
qi dao
pobozkať
qin wen

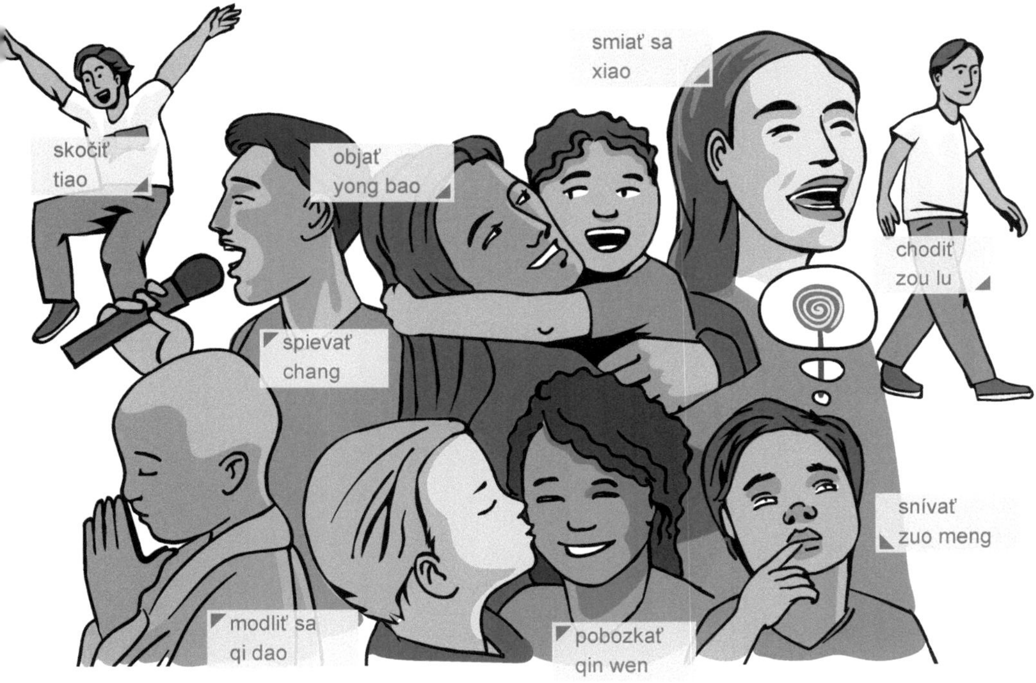

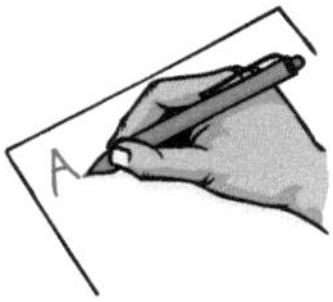

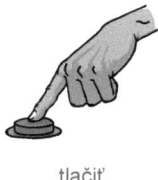

písať
shu xie

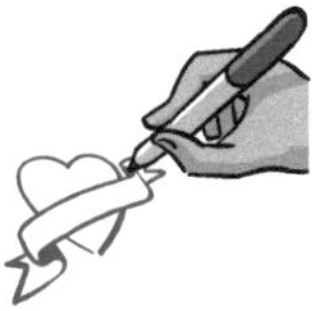

kresliť
hua

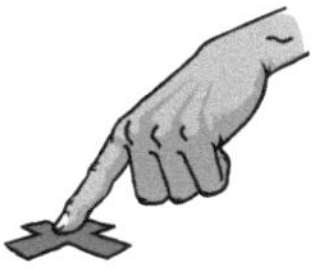

ukázať
zhan shi

tlačiť
tui

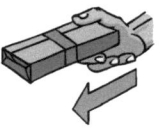

dať
gei

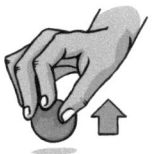

brať
na

mať

you

robiť

zuo

byť

dang

stáť

zhan

bežať

pao

ťahať

la

hádzať

reng

padnúť

shuai dao

ležať

tang

čakať

deng dai

nosiť

xie dai

sedieť

zuo

obliecť sa

chuan yi

spať

shui jiao

zobudiť sa

xing lai

pozerať

kan

plakať

ku

hladkať

fu mo

česať

shu tou

hovoriť

jiao tan

rozumieť

ming bai

pýtať sa

wen

počuť

ting

piť

he

jesť

chi

upratať

qing li

milovať

ai

variť

zuo fan

jazdiť

kai che

letieť

fei

plachtiť

hang xing

počítať

ji suan

čítať

du

učiť sa

xue xi

pracovať

gong zuo

oženiť

jie hun

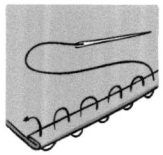

šiť

feng

čistiť zuby

shua ya

zabiť

sha

fajčiť

chou yan

poslať

ji

stará mama
zu mu

starý otec
zu fu

otec
fu qin

mama
mu qin

bábo
ying tong

dcéra
nü er

syn
er zi

hosť
ke ren

teta
a yi

strýko
shu shu

brat
xiong di

sestra
jie mei

telo
shen ti

čelo
qian e
oko
yan jing
plece
jian bang
prst
shou zhi
tvár
lian
brada
xia ba
ruka
shou
noha
tui
hruď
ru fang
rameno
shou bi

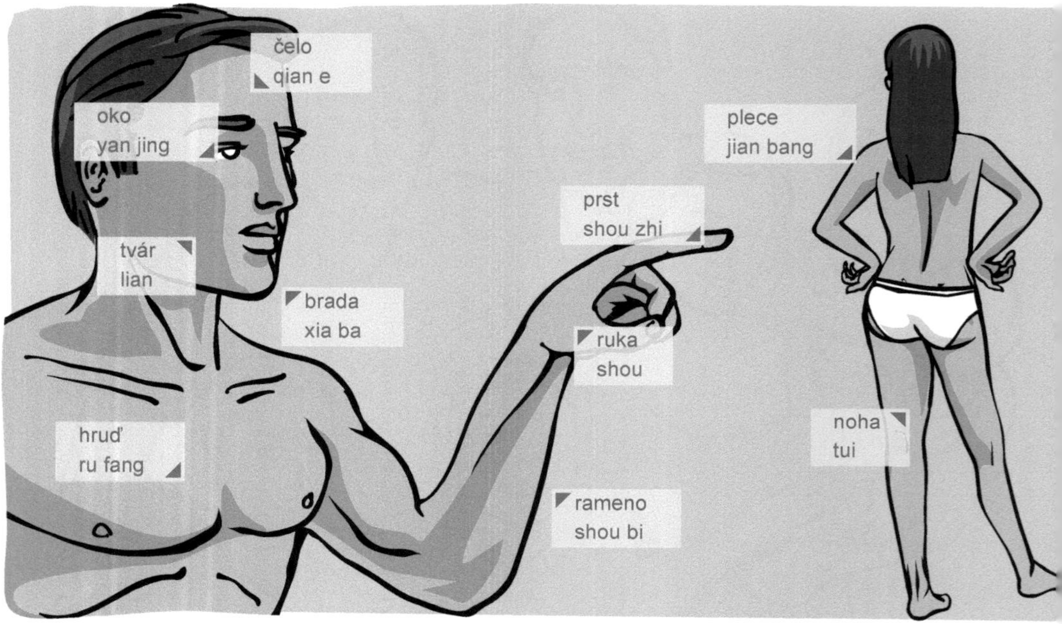

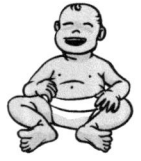

bábo

ying tong

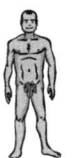

muž

nan ren

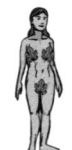

žena

nü ren

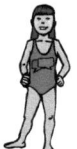

dievča

nü hai

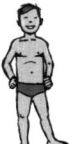

chlapec

nan hai

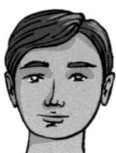

hlava

tou

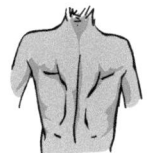

chrbát

bei bu

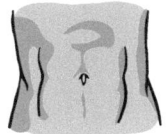

brucho

du zi

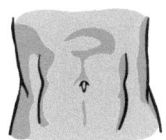

pupok

du qi

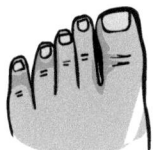

prst na nohe

jiao zhi

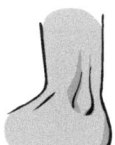

päta

jiao hou gen

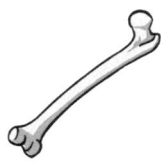

kosť

gu tou

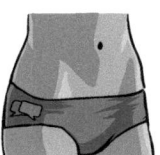

bok

tun bu

koleno

xi gai

lakeť

shou zhou

nos

bi zi

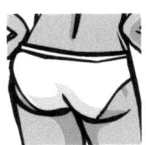

zadok

pi gu

koža

pi fu

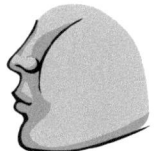

líce

lian jia

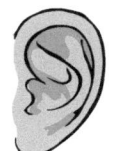

ucho

er duo

pery

zui chun

telo - shen ti

ústa

zui

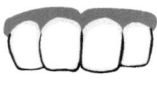

zub

ya chi

jazyk

she tou

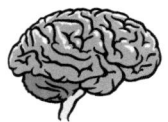

mozog

nao

srdce

xin zang

svaly

ji rou

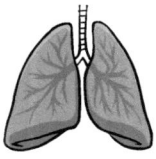

pľúca

fei

pečeň

gan zang

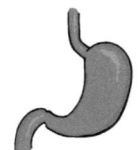

žalúdok

wei

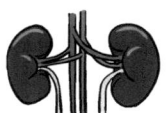

obličky

shen zang

pohlavný styk

xing jiao

kondóm

bi yun tao

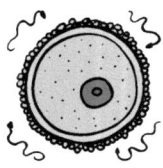

vaječná bunka

luan zi

semeno

jing zi

tehotenstvo

huai yun

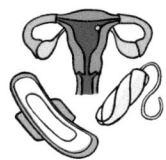

menštruácia

yue jing

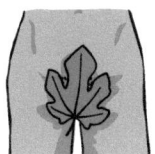

vagína

yin dao

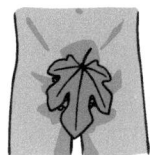

penis

yin jing

obočie

mei mao

vlasy

tou fa

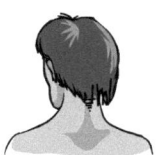

krk

bo zi

nemocnica
yi yuan

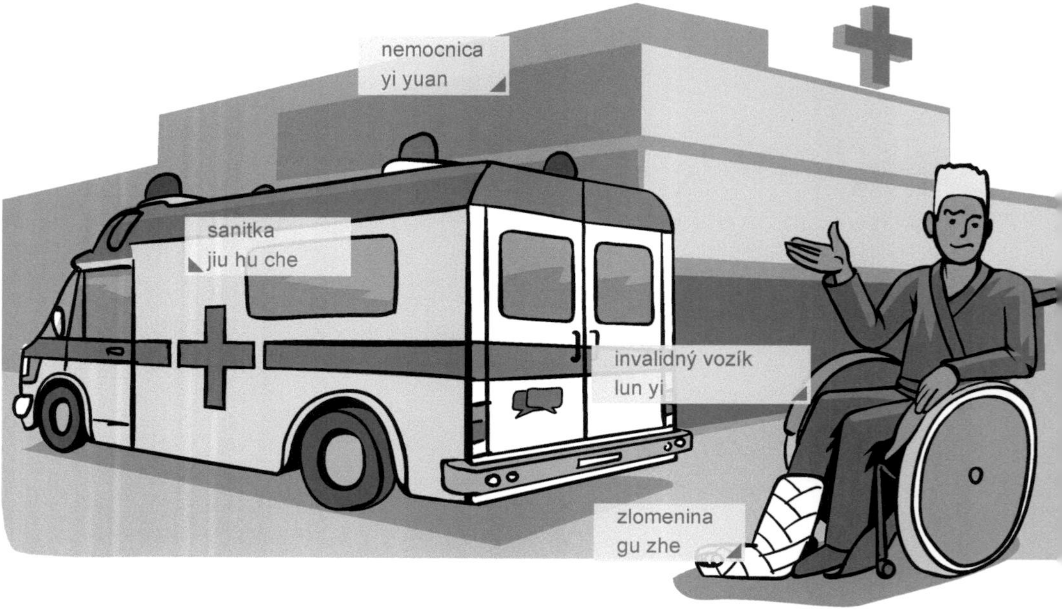

nemocnica
yi yuan
sanitka
jiu hu che
invalidný vozík
lun yi
zlomenina
gu zhe

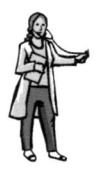

lekár

yi sheng

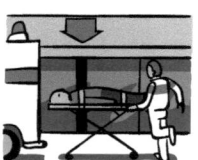

urgentný príjem

ji zhen shi

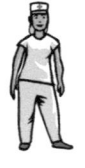

sestrička

hu shi

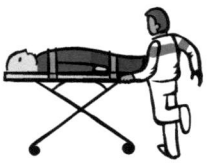

urgentný prípad

jin ji qing kuang

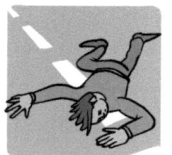

v bezvedomí

hun mi

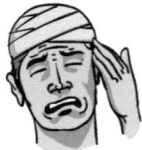

bolesť

tong

zranenie

shou shang

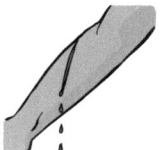

krvácanie

chu xue

srdcový infarkt

xin zang bing fa zuo

mozgová porážka

zhong feng

alergia

guo min

kašeľ

ke sou

teplota

fa shao

chrípka

liu gan

hnačka

fu xie

bolesť hlavy

tou tong

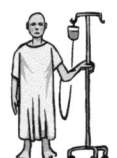

rakovina

ai zheng

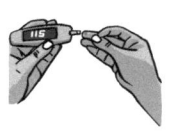

cukrovka

tang niao bing

chirurg

wai ke yi sheng

skalpel

shou shu dao

operácia

shou shu

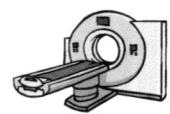

CT
CT

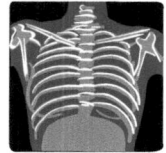

RTG
X guang

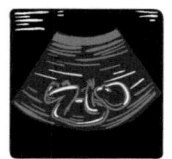

ultrazvuk
chao sheng bo

maska
kou zhao

choroba
ji bing

čakáreň
hou zhen shi

barla
guai zhang

náplasť
shi gao

obväz
beng dai

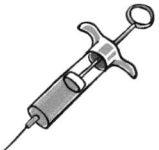

injekcia
zhu she

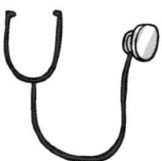

fonendoskop
ting zhen qi

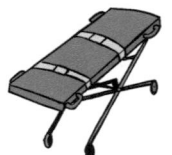

nosidlá
dan jia

teplomer
ti wen ji

pôrod
chu sheng

nadváha
chao zhong

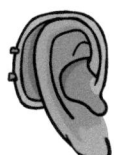

audiofón

zhu ting qi

dezinfekčný prostriedok

xiao du ye

infekcia

gan ran

vírus

bing du

HIV / AIDS

ai zi bing

medicína

yao wu

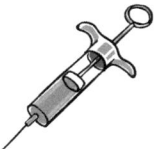

očkovanie

jie zhong yi miao

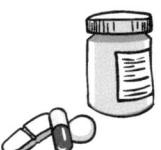

tabletky

yao pian

antikoncepčná pilulka

yao wan

tiesňové volanie

ji jiu dian hua

tlakomer

xue ya ji

chorý / zdravý

sheng bing/jian kang

Pomoc!

jiu ming!

alarm

jing bao

prepad

tu ji

útok

gong ji

nebezpečenstvo

wei xian

núdzový východ

jin ji chu kou

Horí!

zhao huo la!

hasičský prístroj

mie huo qi

nehoda

yi wai

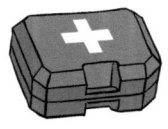

kufrík prvej pomoci

ji jiu xiang

SOS

hu jiu xin hao

polícia

jing cha

Európa

ou zhou

Severná Amerika

bei mei zhou

Južná Amerika

nan mei zhou

Afrika

fei zhou

Ázia

ya zhou

Austrália

ao zhou

Atlantický oceán

da xi yang

Tichý oceán

tai ping yang

Indický oceán

yin du yang

Južný oceán

nan bing yang

Severný ľadový oceán

bei bing yang

Severný pól

bei ji

Južný pól
....
nan ji

Antarktída
....
nan ji zhou

Zem
....
di qiu

krajina
....
lu di

more
....
hai

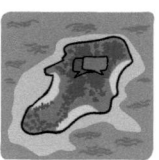

ostrov
....
dao

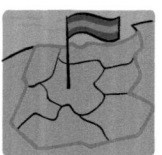

národ
....
guo jia

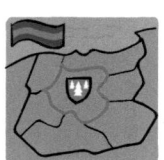

štát
....
guo jia

ciferník

zhong mian

hodinová ručička

shi zhen

minútová ručička

fen zhen

sekundová ručička

miao zhen

Koľko je hodín?

xian zai ji dian?

deň

tian

čas

shi jian

teraz

xian zai

digitálne hodiny

dian zi biao

minúta

fen

hodina

shi

týždeň

zhou

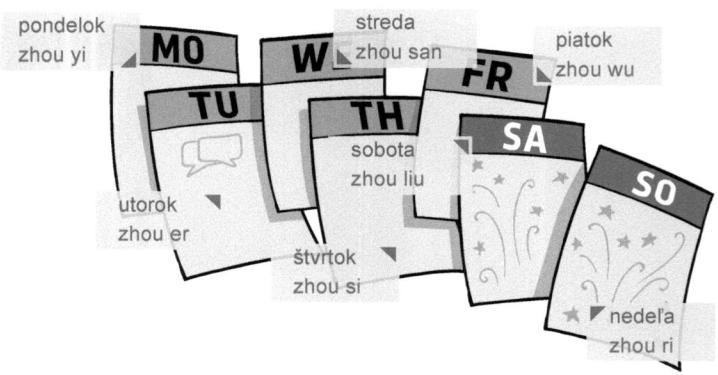

pondelok
zhou yi

utorok
zhou er

streda
zhou san

štvrtok
zhou si

piatok
zhou wu

sobota
zhou liu

nedeľa
zhou ri

včera
zuo tian

dnes
jin tian

zajtra
ming tian

ráno
zao chen

poludnie
zhong wu

večer
wan shang

pracovné dni
gong zuo ri

víkend
zhou mo

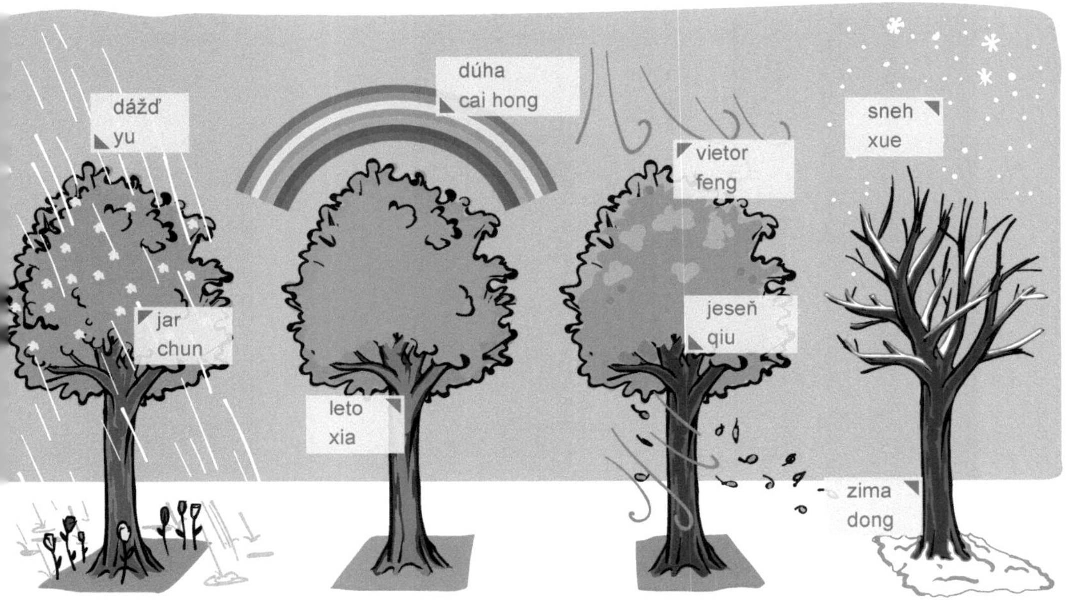

dážď
yu
dúha
cai hong
vietor
feng
sneh
xue
jar
chun
leto
xia
jeseň
qiu
zima
dong

4.APRIL 11°
5.APRIL 4°
6.APRIL 13°
7.APRIL 8°
8.APRIL 10°

predpoveď počasia

tian qi yu bao

F
C
120
90
60
30
0
-30
40
30
20
10
0
-10
-20

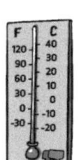

teplomer

wen du ji

slnečný svit

yang guang

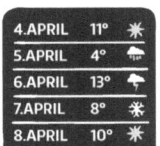

oblak

yun

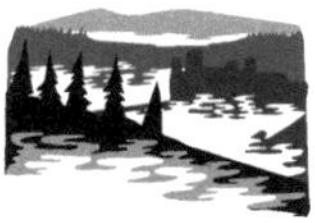

hmla

wu

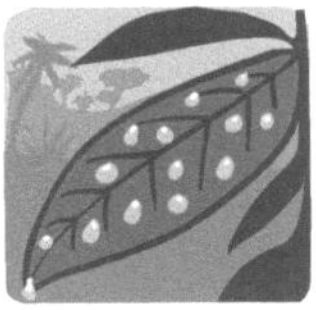

vlhkosť vzduchu

chao shi

blesk

shan dian

hrom

da lei

búrka

feng bao

krúpy

bing bao

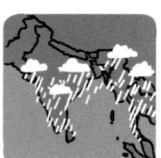

monzún

ji feng

záplava

hong shui

ľad

bing

január

yi yue

február

er yue

marec

san yue

apríl

si yue

máj

wu yue

jún

liu yue

júl

qi yue

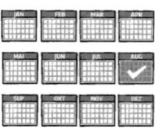

august

ba yue

september

jiu yue

október

shi yue

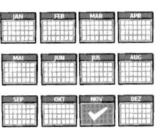

november

shi yi yue

december

shi er yue

tvary

xing zhuang

kruh

yuan xing

štvorec

zheng fang xing

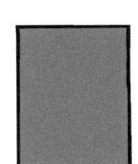

obdĺžnik

chang fang xing

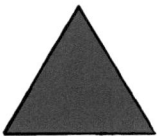

trojuholník

san jiao xing

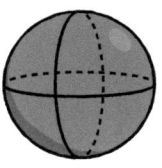

guľa

qiu ti

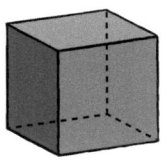

kocka

li fang ti

biela

bai

žltá

huang

oranžová

cheng

ružová

fen

červená

hong

fialová

zi

modrá

lan

zelená

lü

hnedá

zong

šedá

hui

čierna

hei

veľa / málo

hen duo/shao xu

zúrivý / pokojný

sheng qi/ping jing

pekný / škaredý

mei/chou

začiatok / koniec

shou/wei

veľký / malý

da/xiao

svetlý / tmavý

ming/an

brat / sestra

xiong di/jie mei

čistý / špinavý

gan jing/ang zang

úplný / neúplný

wan zheng/que shi

deň / noc

bai tian/wan shang

mŕtvy / živý

si/sheng

široký / úzky

kuan/zhai

chutný / nechutný

ke shi yong/fei shi yong

zlostný / láskavý

xie e/shan liang

vzrušený / unudený

xing fen/wu liao

tlstý / chudý

pang/shou

prvý / posledný

di yi/zui hou

priateľ / nepriateľ

peng you/di ren

plný / prázdny

man/kong

tvrdý / mäkký

ying/ruan

ťažký / ľahký

zhong/qing

hlad / smäd

e/ke

chorý / zdravý

sheng bing/jian kang

nelegálny / legálny

fei fa/he fa

inteligentný / hlúpy

cong ming/yu ben

vľavo / vpravo

zuo/you

blízko / ďaleko

jin/yuan

nový / použitý

xin/jiu

nič / niečo

mei you/you xie

starý / mladý

lao/you

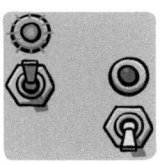

zapnuté / vypnuté

kai/guan

otvorené / zatvorené

da kai/he shang

tichý / hlasný

an jing/chao nao

bohatý / chudobný

fu/qiong

správne / nesprávne

dui/cuo

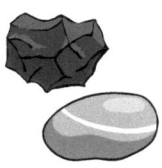

drsný / hladký

cu cao/guang hua

smutný / šťastný

shang xin/gao xing

krátky / dlhý

duan/chang

pomaly / rýchlo

man/kuai

mokrý / suchý

shi/gan

teplý / studený

wen nuan/liang shuang

vojna / mier

zhan zheng/he ping

protiklady - fan yi ci

0

nula

ling

1

jeden

yi

2

dva

er

3

tri

san

4

štyri

si

5

päť

wu

6

šesť

liu

7

sedem

qi

8

osem

ba

9

deväť

jiu

10

desať

shi

11

jedenásť

shi yi

12

dvanásť
shi er

13

trinásť
shi san

14

štrnásť
shi si

15

pätnásť
shi wu

16

šestnásť
shi liu

17

sedemnásť
shi qi

18

osemnásť
shi ba

19

devätnásť
shi jiu

20

dvadsať
er shi

100

sto
bai

1.000

tisíc
qian

1.000.000

milión
bai wan

angličtina

ying yu

americká angličtina

mei shi ying yu

mandarínska čínština

pu tong hua

hindčina

yin di yu

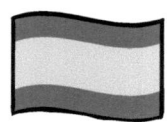

španielčina

xi ban ya yu

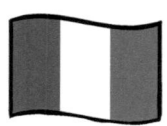

francúzština

fa yu

arabčina

a la bo yu

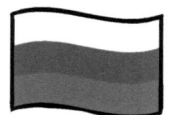

ruština

e yu

portugalčina

pu tao ya yu

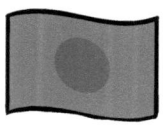

bengálčina

feng jia la yu

nemčina

de yu

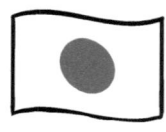

japončina

ri yu

ja
wo

ty
ni

on/ona/ono
ta/ta/ta

my
wo men

vy
ni men

oni
ta men

kto?
shei?

čo?
shen me?

ako?
zen yang?

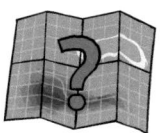

kde?
na li?

kedy?
shen me shi hou?

meno
ming zi

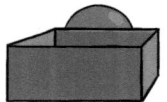

za

hou mian

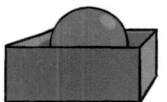

v

li mian

pred

qian mian

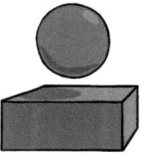

nad

shang fang

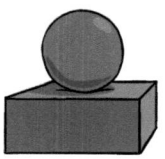

na

shang mian

pod

xia mian

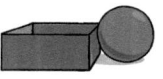

vedľa

pang bian

medzi

zhong jian

miesto

di dian